OOR WULLIE

D. C. THOMSON & CO., LTD., GLASGOW:LONDON:DUNDEE

Printed and published by D. C. Thomson & Co., Ltd., 185 Fleet Street, London EC4A 2HS.
© D. C. Thomson & Co., Ltd., 1998.
ISBN 0-85116-672-5

£4.75

Cards by the score and then some more . . .

. . . they just keep coming through the door!

McFlodden's man is ower smart.

He can tell this *isnae* art!

Soccer frae the satellite . . .

. . . keeps oor laddie late at night!

Eck and Soapy, truth tae tell

Seem tae be wrapped ower well!

P.C. Wullie's on the beat.

It seems the villain's at his feet!

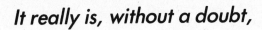

Fat Bob, Soapy and Wee Eck

dinna like snow doon their neck!

Wullie near sinks to his knees,

seein' wha's in dungarees!

He's got the puzzle intae shape . . .

. . . and then Wull makes his big escape!

He very soon will get his wish.

Primrose wins them *baith* a fish!

Wullie wonders what to do.

How to make a bob or two?

The hour has come. The price tae pay?

Wull's a slave boy for a day!

A special offer for oor three . . .

. . . eat it a', an' it's for FREE!

Wull's sandwich takes the lads aback.

It really *is* a monster snack!

Does Wullie's watchful neighbours plot . . .
. . . help his neighbour? Not a lot!

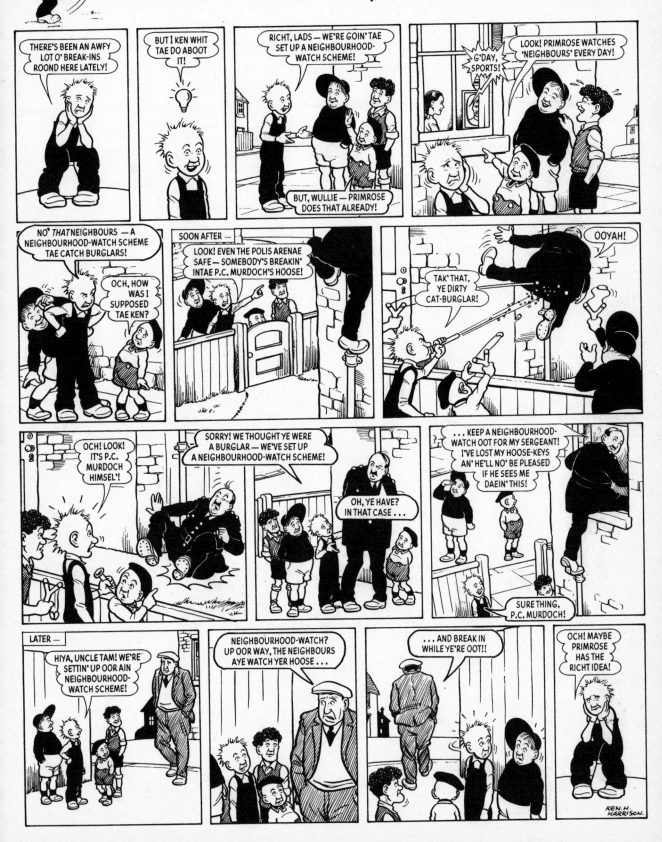

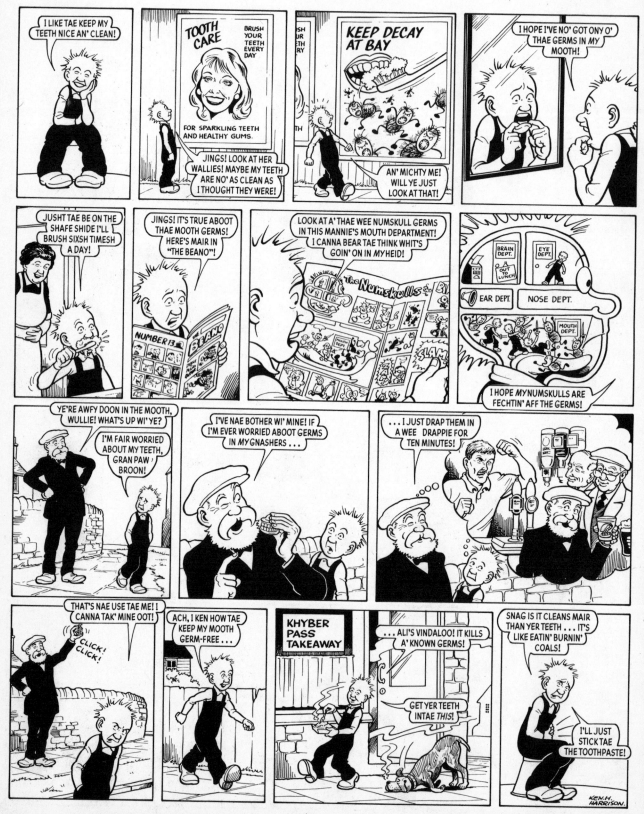

What's lurkin' in Wull's tank, down deep, puts their gas doon tae a peep!

Wilderness is fine, but a' the same,

best no' tae wander far frae hame!

Blindfolded, Wull's aim is true —

— and he's good at jigsaws, too!

A different meal. What will it be?

Wait 'til ye see what is for tea!

KEN.H. HARRISON.

It seems wi' a' the chores she got,

there's something Wullie's Ma forgot!

A gruesome sight, what can it be?

What is it that he can see?

The fitba's done when Wullie scores,

Mildew forces them indoors!

There's just nae stoppin' Wull the day!

He'll mak' his ain, nae need tae pay.

KEN·H· HARRISON.

Wullie's gags are a' richt when

Murdoch tells them tae his men!

Granpaw kens the sign o' rain.

What is it? A corny pain!

Is Primrose the real feardie-gowk?

You never can tell wi' some fowk!

House-warmin' party? That's a laugh!

Wull's party blows the whole roof aff!

A scene frae life is what he's after,

but Wullie's life is full o' laughter!

Ma likes his photo not a lot!

Just whit is that style Wull's got?

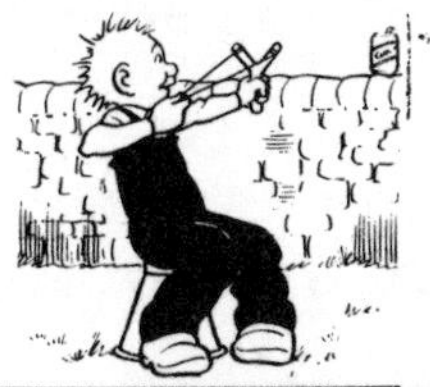

The pals are headed for a fall . . .

. . . and they soon know who to call!

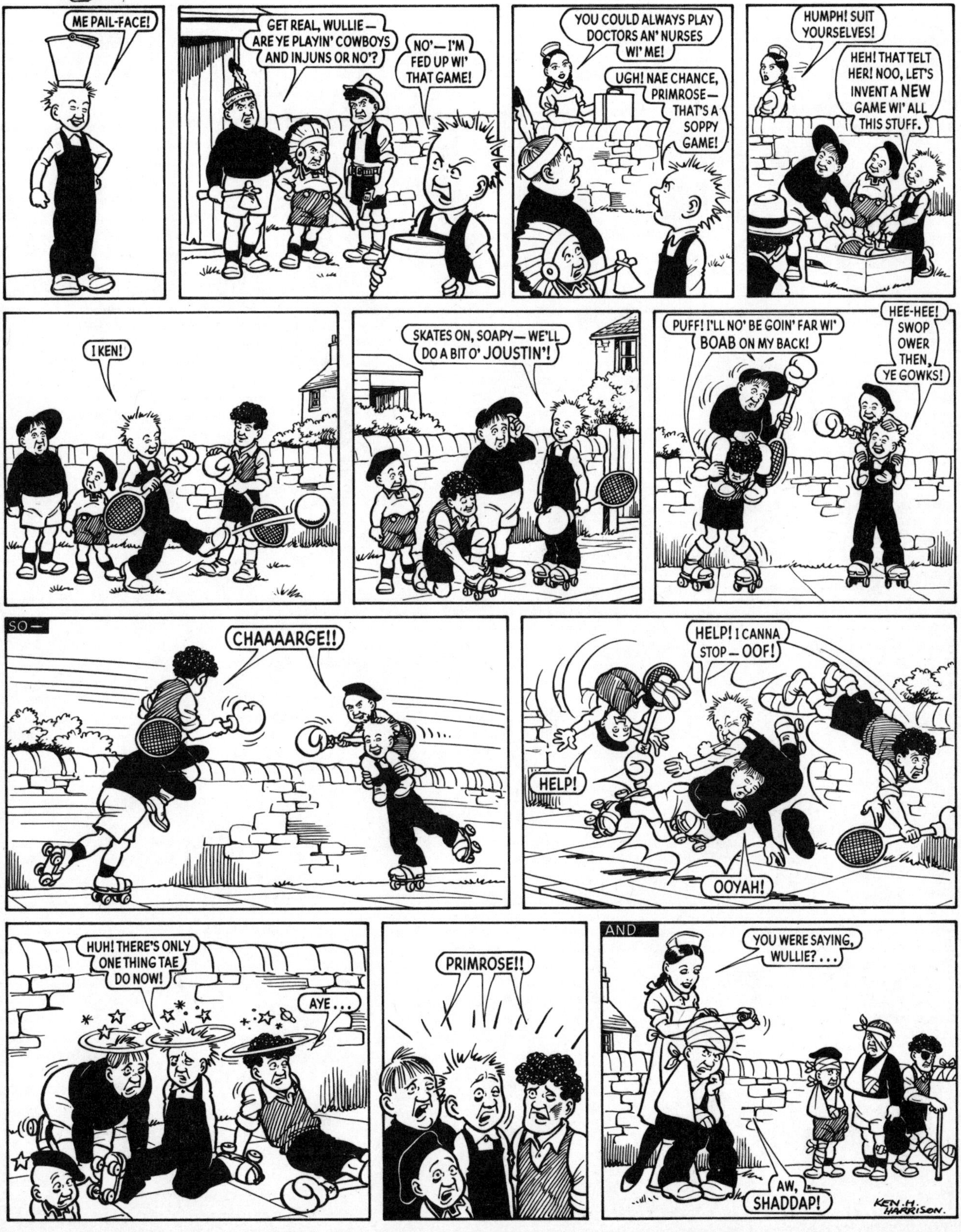

Tae reach the balls they're just no' able.

They'll need tae stretch — or shrink the table!

A baseball star. Just fancy that —

— Wull in cap an' shirt an' bat!

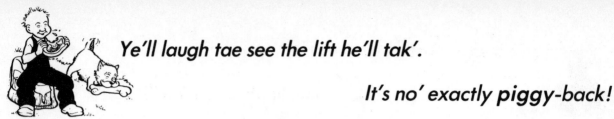

Ye'll laugh tae see the lift he'll tak'.

It's no' exactly piggy-back!

Wullie cannae get a cheep!

His bagpipes need the chimney sweep!

Fat Bob's tryin' tae lose weight.

In his pants he's lookin' great!

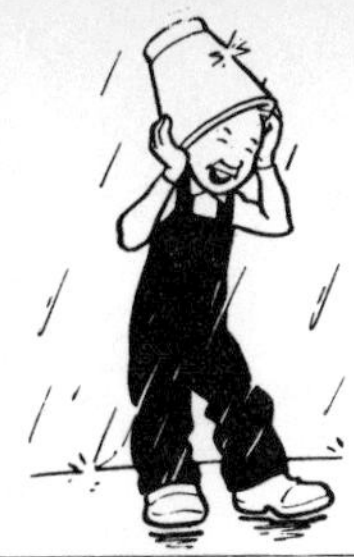

Packed an' ready for the week's . . .

. . . holiday 'midst hills an' "leeks"!

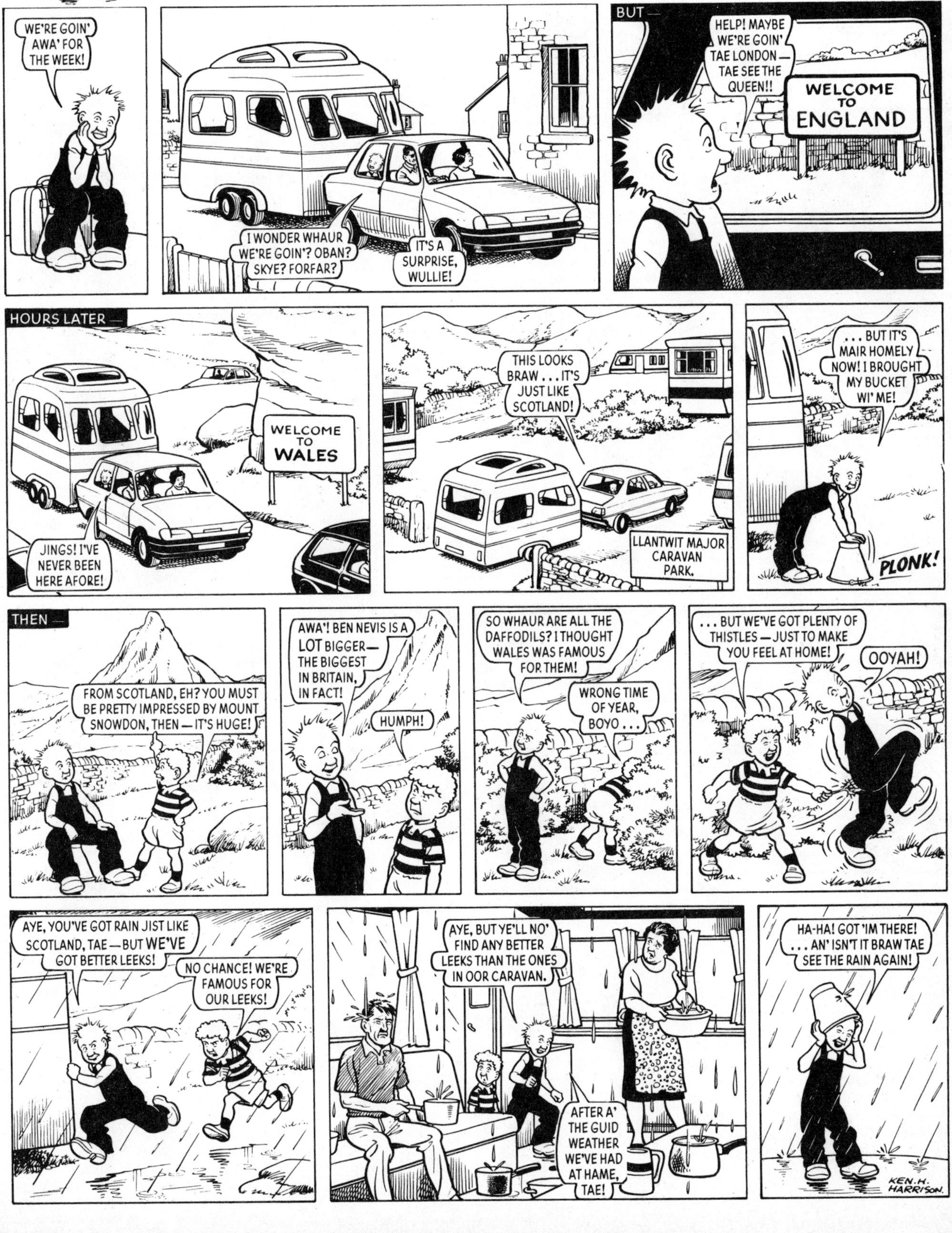

Readin' comics late at night —

— Nae wonder Wull's no' feelin' right!

He wants tae be in Wullie's gang.

He thinks he does, but no' for lang!

They'll stake a pound, even a fiver,

that Wullie's no' a real sky-diver!

Music blastin' in his ears,

Wullie neither sees nor hears!

Help ma Bob! He's in despair!

What's she done tae Wullie's hair?

Wull's in trouble in the hall —

— you've got tae be tall for basketball!

Nae pals tae chum, so in the end.

Wullie calls his auldest friend!

At keepie-up, he's no' an ace.

It seems that Wull needs lots more space.

Whit a shot! Hats off tae him!

It seemed tae be his chance was slim!

Rugby's in his plans just now,
but Wull mis-kicks the ball and how!

Summer scents an' summer sneezes.
Some are real an' some are wheezes!

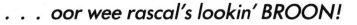

How can Wull pick up the pace?

When midge an' Bob come face tae face!

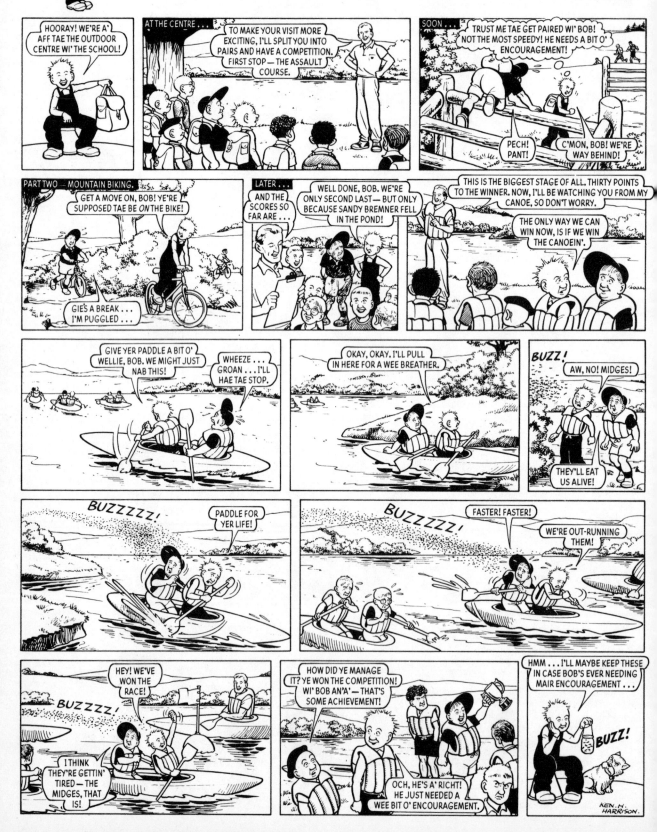

Wull's in trouble wi' a smasher —

— also wi' her boyfriend, Basher!

Tryin' tae paint his trusty bucket,

a' he's done is gone an' stuck it!

They try to cool their hot grey matter.

A' they want's a glass o' watter!

Wull's determined he must get

flowers for the show. And yet . . .

Scotland's grand. Her tourist trade . . .

. . . puts oor neighbours in the shade!

Hurlin' haggis, he loses traction,

settin' aff a chain reaction!

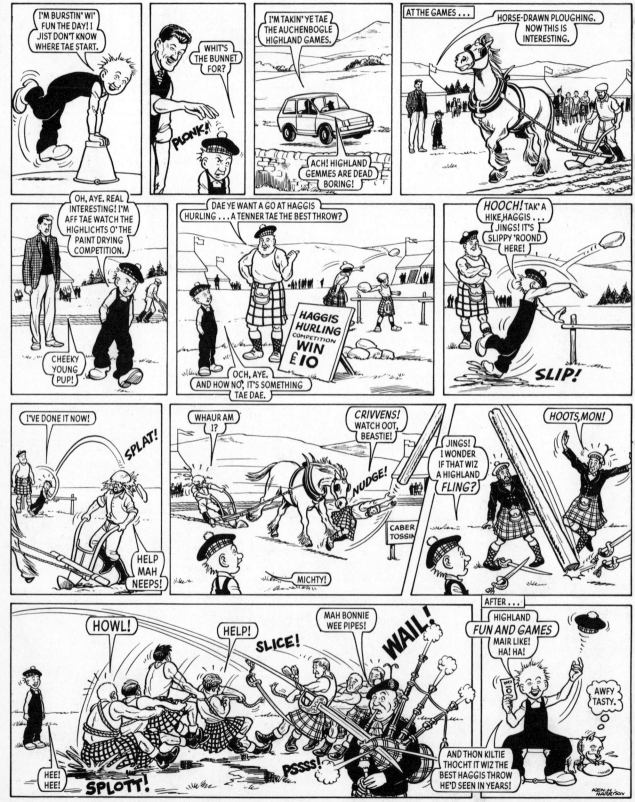

It really is a sight tae see,

Murdoch hangin' frae the tree!

Wull canna sleep, no, not a wink!

Resting's harder than ye think!

He wants tae find a place to play . . .

. . . but it's no' tae be his day!

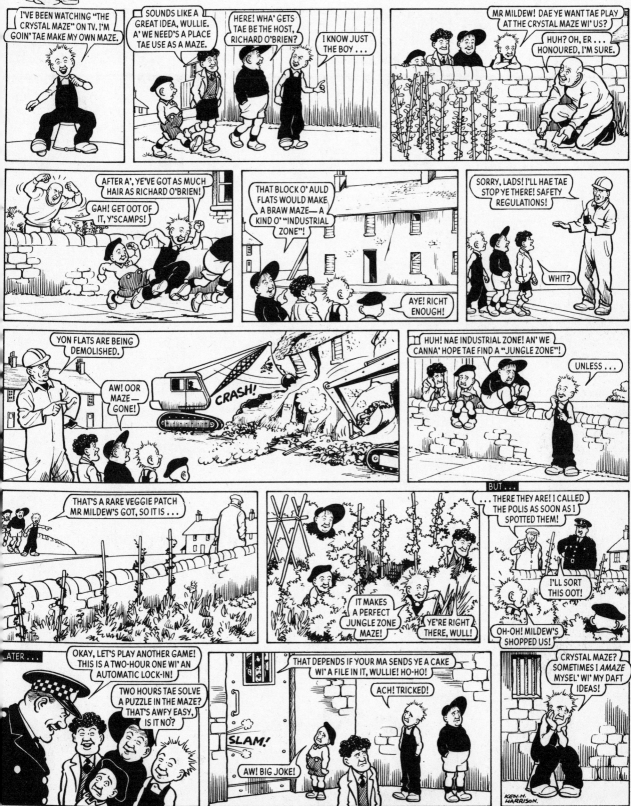

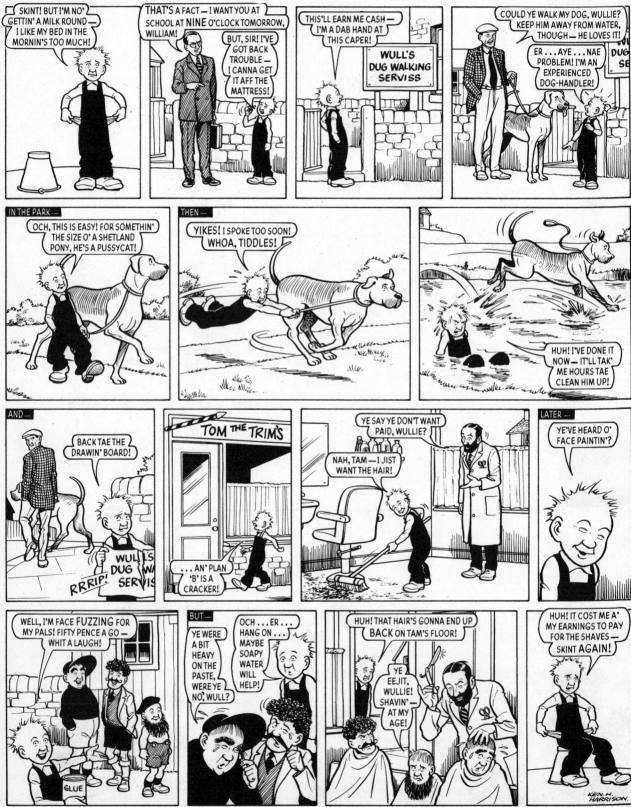

It is amazin' how yer pets

ken they're headed for the vet's!

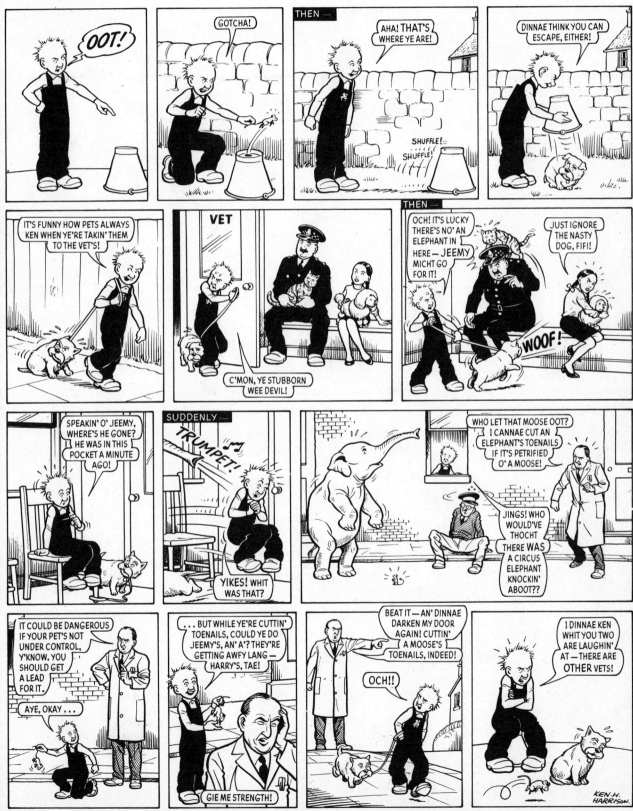

He wants tae be big, strong and brawny.

Muscles? Wull has hardly ony!

She decides she's had enough

when the bullies cut up rough!

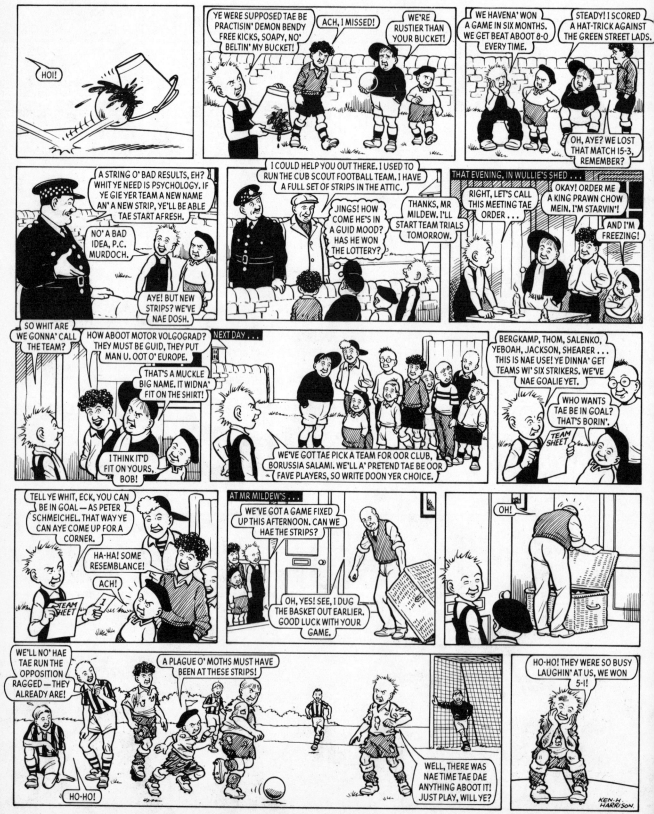

Oor lad's pleased, but dinna mention
why Wull's the centre o' attention!

Haggis . . . chips . . . a bit o' fish . . .

. . . that would be Oor Wullie's wish!

Wull kens Harry's needin' trimmin'.

It seems all fails, but then there's women . . .

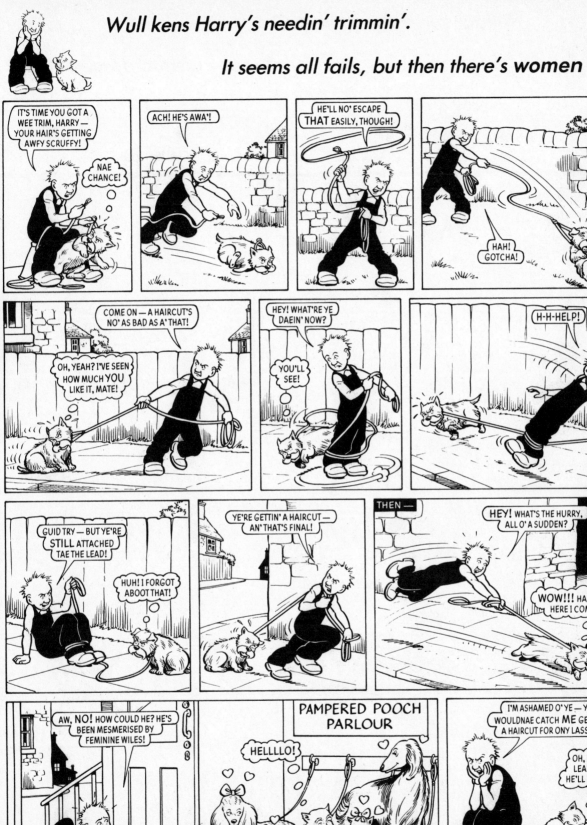

Welcome tae the Sea Lyfe Sentre,

brainchild o' its wee inventor!

Wullie neither greets nor screams.

A'thing isnae what it seems!

The laziest he's ever been —
— sittin', starin' at the screen!

It seems tae be his mother's letter

could hae been spelt a little better.

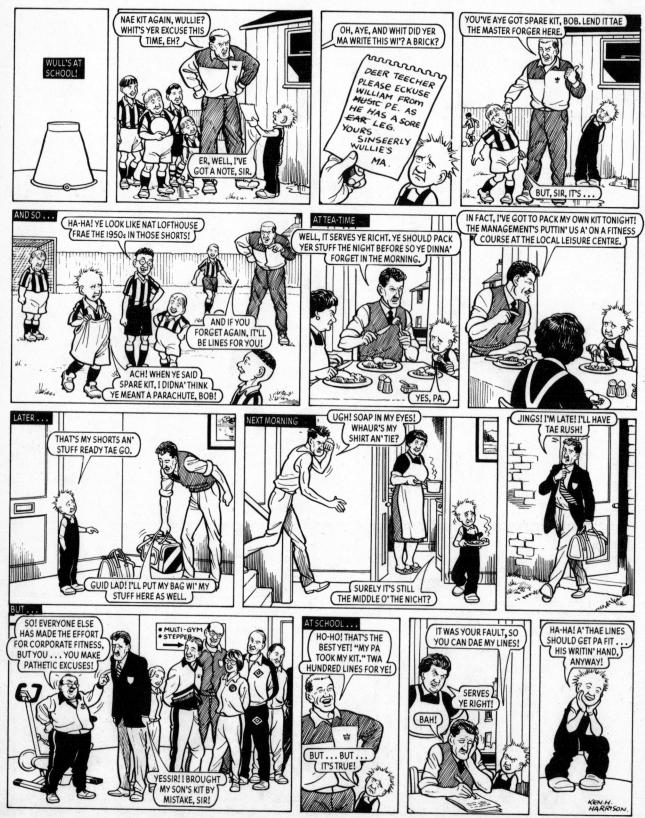

If only Wull could turn life's pages

tae see what happens when he ages.

A fitness programme on the box

Mak's the lads end up as crocks!

A sizzlin' sausage is Wullie's dream,

a'body's got ane, it would seem!

Wullie's pals are fair impressed,

but it's havers! Wha'd have guessed?

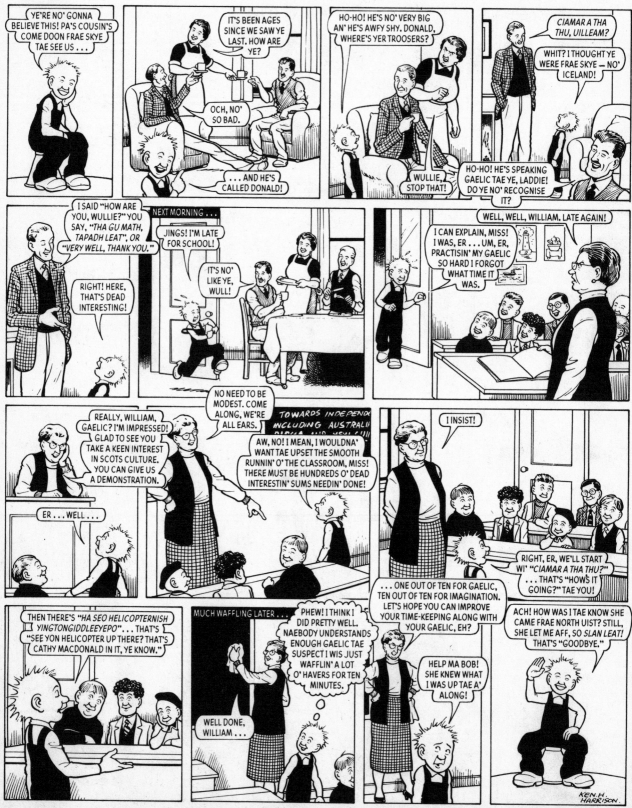

He should pay attention to his task.

Instead he's fiddlin' wi' his flask!

He's headin' for a big surprise.

This really is an early rise!

Christmas time's no' awfy funny

When ye've got *this* little money!

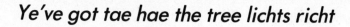

Ye've got tae hae the tree lichts richt

On this special Christmas nicht!

Wull's guid deed for New Year's Day

fills his folks wi' dark dismay!